TODAS LAS MANOS

Mario Rucci

EDIQUID

TODAS LAS MANOS
© Mario Rucci
Editado por: Corporación Ígneo S.A.C.
para su sello editorial Ediquid
Av. Arequipa 185 1380,
Urb. Santa Beatriz. Lima - Perú
Primera edición, abril 2021

ISBN: 978-980-436-015-2
Impresión bajo demanda

Depósito legal de Venezuela, página legal de Venezuela: 2021-000378
Se terminó de imprimir en abril de 2021 en:
ALEPH IMPRESIONES SRL
Jr. Risso Nro. 580
Lince - Lima

www.grupoigneo.com
Correo electrónico: contacto@grupoigneo.com
Facebook: Grupo Ígneo | Twitter: @editorialigneo | Instagram: @grupoigneo

Diseño de portada: Mariana Barrientos Klinkert
Diagramación: Dianora Gómez Nessi
Coordinación editorial: Dayana Villa

Colección: Nuevas Voces

ÍNDICE

PRÓLOGO

Nuestro mundo, el planeta Tierra, está habitado por la raza humana. Esta se diferencia por el color de su piel, sus distintas religiones y su cultura. Sin embargo, lo que sí tienen en común los humanos son un cerebro y un corazón que determinan sus movimientos y dirigen su principal arma: las manos.

Las manos fueron las creadoras y constructoras de todos los cambios producidos a través de los siglos. Ellas continuarán siendo las protagonistas de todas las centurias por venir.

No se concibe, bajo ningún concepto, salvo en ciencia ficción, un ser viviente con inteligencia, sea cual sea su ubicación en el Universo infinito, que no posea este preciado instrumento. En *Todas las manos*, con un cierto sentido poético «raro», trato de manifestar un sentimiento literario, con reflejos de un «humanismo» global que permanece en constante lucha, luchas internas o externas, con un fin muchas veces muy claro y definido: «la evolución».

MARIO RUCCI

LAS MANOS

El hombre tiene manos.
Los hombres tenemos manos
Los seres humanos, todos por igual,
podemos hacer uso de ellas,
de nuestras manos.
La habilidad, el poder y el auxilio
las identifican en nuestro mundo.
La destreza o capacidad que ellas manifiestan
habrá de permitir una constante creación-transformación
de todo lo que nos rodea.
Con el poder que da la fuerza y la autoridad
ellas nos permitirán imponer un orden
social; para que el auxilio
o el socorro
arropen a todos aquellos
que lo necesiten.

Las manos, todas, son reflejos
de habilidad-creación, poder-orden,
auxilio-protección.
Son las interminables constructoras
del ayer, del hoy y del mañana;
del flagelo de la guerra
o de la pureza de la paz.
Pensemos en las manos
como instrumento
universal, para vivir....
¡no para destruir!

EL HOMBRE TIENE MANOS

Habitante del planeta Tierra, nacido
no se sabe cuándo;
presente
en cinco continentes, representante
de la raza humana,
que aún no ha podido
dar la talla de Homo Sapiens.

LOS HOMBRES TENEMOS MANOS

Mujeres o varones,
seres racionales,
guapos, atractivos, depresivos,
buscando siempre el amor.
la paz y la libertad.
… pero ¿cuándo realmente la
encontrarán?

EL SER HUMANO

Animal inteligente,
tratando de ser más humano,
dejando huellas,
tanto buenas, como malas.
Ser pensante,
expresivo,
dominante.
Con emoción se mueve,
satisfaciendo su necesidad
de crecer, compartir y amar...

LOS SERES HUMANOS, TODOS POR IGUAL, PODEMOS HACER USO DE ELLAS, DE NUESTRAS MANOS

Se relacionan con un fin,
se vinculan constantemente,
activos hasta morir.
Somos espejos del ser animal,
personas humanas del ser universal.
Sentimos, pensamos, actuamos;
conocemos el presente, también el pasado,
y, quizás, el futuro.
Tenemos el poder de planear, transformar,
y realizar todo
a nuestro antojo.

LA HABILIDAD, EL PODER Y EL AUXILIO
LAS IDENTIFICAN EN NUESTRO MUNDO

Podemos ser artistas,
con arte, maestría e ingenio;
destreza, técnica y mañas. Con
soltura, tacto y diplomacia;
también podemos ser
dominantes
durante nuestra vida
y energía…
dominantes de los demás.

EL PODER

Con capacidad, habilidad y mando,
podemos hacer, crear y trabajar,
porque son el principio de toda nuestra
vida:
vivir en acción.
Con comportamiento, influencia y carisma,
nuestras acciones siempre tendrán
una meta a concretar.

EL AUXILIO

Presente ante el peligro,
requerido por una necesidad.
Es ayuda y apoyo,
es más favor que
préstamo.
Da protección y amparo,
lo transformamos en un refugio
casi siempre lo necesitamos,
como escudo protector.

LA DESTREZA

La habilidad es astucia,
la maestría es pericia,
en suma,
es tener buena mano.
Es un arte, una agilidad,
es soltura y acierto a la vez.
Y, por fin, una capacidad
para lograr un cometido.

LA CAPACIDAD

Tener condiciones y cualidades,
actitud e intelectualidad
para cumplir cierta función.
Significa talento y suficiencia,
inteligencia y competencia,
como también virtud y
técnica. Es facultad de la
excelencia, no se compra, ni se
vende.

LA CREACIÓN

Vivimos en un universo,
viajando por el cosmos,
dentro de una galaxia,
habitando en un mundo
llamado planeta Tierra.
Establecidos dentro de él,
creamos, fundamos, realizamos,
destruimos.

LA TRANSFORMACIÓN

Todos nos transformamos,
tenemos una metamorfosis,
un cambio, una alteración.
Alternativas prósperas o adversas,
una forma de ser u otra:
cambiamos constantemente,
como la naturaleza.

LA AYUDA

Podemos ser imperativos
y gritar como el viento;
a toda persona, una cosa o retribución
que nos da seguridad y libertad.
Cooperar, colaborar y brindar
nos permite valernos de algo,
o de alguien, en nuestro andar.

EL SOCORRO

Vivimos en un mundo de acción y efecto,
de necesidades personales y grupales.
Los países están siempre listos para
la lucha, la defensa y la justicia, con
el fin de socorrer.

EL ORDEN

Todos aceptamos reglas,
disposiciones, normas y mandatos,
para vivir en armonía.
Con conciencia e inteligencia
en todo tiempo y espacio.

LA FUERZA

Con energía, vigor y ánimo
podemos construir y destruir.
Tenemos reciedumbre, solidez y fortalezas
para desarrollarnos y comprendernos.
La autoridad, el poder y la coacción
nos permiten vivir sin violencia,
cuando todo está impulsado
con eficiencia y solidez.

LA AUTORIDAD

Actuar con un determinado crédito
nos da mucha fe y confianza,
poder influenciar
con convicción y credibilidad,
sobre todos.
El influjo puede determinar
una forma de pensar y actuar,
un efecto que puede producir
un cambio en todas las personas,
para bien o para mal.

LA PROTECCIÓN

Toda acción que realicemos
tendrá un fin y un efecto;
proteger, defender y resguardar
a todos nuestros congéneres.
Protección y más protección
harán del mundo un lugar
de principios, ética y más moral.

EL REFLEJO

Casi siempre actuamos de forma involuntaria
al estímulo de otras personas,
aunque tenemos reacciones rápidas,
precisas y altamente eficientes.
Toda respuesta siempre será automática,
implica que nosotros pensemos
y tengamos un movimiento
reflexivo, sereno, juicioso y
ponderado.

EL FLAGELO

Toda plaga natural o artificial
contribuirá a que haya calamidad,
sinónimo de desgracia mundial.
Un hecho, un suceso, tendrán efectos
altamente negativos,
para toda persona o comunidad.
Cualquier flagelo es una desgracia,
que el hombre sabrá
desterrar.

LA GUERRA

Naciones, tribus o sociedades
constantemente tienen una lucha,
persiguiendo una satisfacción.
Otras veces pugnan por imponer
una ideología o dogma,
que somete a todos por igual.
Todo conflicto significa
generalmente un atropello a
los derechos y libertades,
que suelen
siempre profesar
todo ser
antidemocrático.

LA PUREZA

Sin simplicidad y sencillez
el ser humano ambicioso
nunca logrará su añorado bienestar. El
constante deseo de poder y riqueza,
de dominación y tiranía,
lo conducirá por un camino
siempre oscuro y sin retorno.

LA PAZ

Donde impera la
inquietud se impone la
maldición
de la violencia o la guerra.

La tranquilidad espejo de lo
apacible,
del sosiego y el reposo.
La concordia junto a la
armonía dará a luz por siempre:
¡una blanca paloma!

Blanca paloma estás en peligro…
la humanidad ya no te piensa
como una «mano» salvadora;
el oscurantismo está prevaleciendo
con conspiraciones nefastas
para todos por igual:

planeta, naturaleza, seres vivos
y una raza humana,
cada vez «más irracional».

MIS MANOS

Cuando realizo un ademán
te estoy comunicando algo
bueno o malo,
como el día y la noche.
Te expreso ideas o una actitud,
también un estado de ánimo; todo
esto y mucho más
«mis manos» pueden expresar.

TUS MANOS

Cuando expresan seguridad,
quietud,
orden y advertencia, nos
están avisando algo
o dándonos un consejo,
una enseñanza,
una lección.
Cuando todo esto no funcione
nada podrá ser igual,
«tus manos» se desvanecerán.

TODAS LAS MANOS

Pueden sembrar, crear, armonizar,
contratar, hermanar y acordar.
Las manos todas juntas
dan poder a la humanidad.
Las manos todas juntas, de
hombres y mujeres,
siempre serán necesarias
para iluminar nuevas vidas

y tener piedad ante la muerte.
«Todas las manos» por
siempre son y serán, el alma y
motor de nuestras vidas
hasta que el destino
nos alcance.

Mario Rucci Zepedeo nació en Montevideo, Uruguay, el 10 de febrero de 1953.

Hijo de emigrantes italianos que arribaron al país en la década del cincuenta, durante años vivió en varios barrios de la capital: Palermo, Piedras Blancas, Cordón y Pocitos Nuevo, Actualmente reside en Parque Batlle.

Hizo sus estudios en instituciones públicas (Escuela Nro.129, Liceo Nro.19 y en el Instituto Alfredo Vázquez Acevedo (I.A.V.A.), entre 1960-1971. En 1972 tuvo un breve trayecto por la Facultad de Derecho, aprobando el primer año. Posteriormente deja la carrera, al año siguiente, debido al golpe de estado que sufrió Uruguay. Su casa de estudios, la UDELAR (Universidad de la República), cerró ese mismo año.

Entre 1973-1977 prueba suerte en la actuación. Trabajó primero en el Teatro del Anglo, bajo la dirección de Eduardo Malet. Luego, entre 1976-1977, estuvo en el Workshop del Teatro Alianza, con la actriz y profesora Elena Zuasti.

Cabe destacar que en diciembre de 1980 actuó por primera vez como actor profesional, en la obra *El enemigo del pueblo* de Ibsen, bajo la dirección de Mario Morgan.

Durante ese período, Rucci estudia locución con Luis Piñeiro, en la hoy desaparecida

Escuela Nacional de Declamación. Por un corto tiempo, entre noviembre de 1975 y marzo de 1976, se desempeña como pasante en la crónica policial del informativo central de CX36 Radio Centenario.

A mediados de 1977 comienza su actividad laboral en la empresa de transporte interdepartamental CITA S.A.

En diciembre de 1980 inició una nueva actividad laboral en el rubro bancario, labores que se prolongarán hasta el año 2013; en la actualidad es jubilado de la Caja Bancaria. Prestó servicios por 32 años en distintas instituciones: BANFED (Banca Federada del Interior), Banco EXTERIOR de España, Cooperativa ACAC, Banco ACAC/Crédit Agricole, CRÉDIT URUGUAY Banco y BBVA (Banco de Bilbao, Vizcaya y Argentaria) en tres financieras Nacionales y tres Internacionales.

También, siendo empleado bancario, realizó estudios en la UTU (Universidad del Trabajo) (1984-1985), obteniendo el título de Técnico en Periodismo aplicado a los Medios Masivos de Comunicación Social. Participó entre 1989-1992 en nueve cortos publicitarios para televisión. Por otra parte, tuvo una participación de actor extra en la película *La historia casi verdadera de Pepita la Pistolera* (1992).

Más tarde participó nuevamente como extra en las películas: *Mr. Kaplan* (2012); *Zanahoria* (2013) y *Los enemigos del dolor* (2013).

NUEVAS VOCES (POESÍA)